BEI GRIN MACHT SICH IHR WISSEN BEZAHLT

Daniela Siebert

Rezension zu "Was tut der Wind, wenn er nicht weht? Begegnungen mit der Kleinkindpädagogik in Reggio Emilia" von Annette Dreier

GRIN Verlag

Bibliografische Information der Deutschen Nationalbibliothek:

Die Deutsche Bibliothek verzeichnet diese Publikation in der Deutschen National-
bibliografie; detaillierte bibliografische Daten sind im Internet über http://dnb.d-
nb.de/ abrufbar.

Impressum:

Copyright © 2012 GRIN Verlag GmbH
Druck und Bindung: Books on Demand GmbH, Norderstedt Germany
ISBN: 978-3-656-70212-2

Dieses Buch bei GRIN:

http://www.grin.com/de/e-book/276671/rezension-zu-was-tut-der-wind-wenn-er-
nicht-weht-begegnungen-mit-der

GRIN - Your knowledge has value

Der GRIN Verlag publiziert seit 1998 wissenschaftliche Arbeiten von Studenten, Hochschullehrern und anderen Akademikern als eBook und gedrucktes Buch. Die Verlagswebsite www.grin.com ist die ideale Plattform zur Veröffentlichung von Hausarbeiten, Abschlussarbeiten, wissenschaftlichen Aufsätzen, Dissertationen und Fachbüchern.

Besuchen Sie uns im Internet:

http://www.grin.com/

http://www.facebook.com/grincom

http://www.twitter.com/grin_com

■ Hausarbeit

zum Modul II/1.3 Frühkindliche, sozialpädagogische und
grundschulpädagogische Erziehungs- und Bildungskonzepte

Siebert, Daniela

Rezension

-Annette Dreier-

Was tut der Wind, wenn er nicht weht? – Begegnungen
mit der Kleinkindpädagogik in Reggio Emilia

Abgabedatum: 15. August 2012

■ Sommersemester 2012

Annette Dreier

Was tut der Wind, wenn er nicht weht? – **Begegnungen mit der Kleinkindpädagogik in Reggio Emilia**

7. Auflage 2012. Copyright by Cornelsen Verlag, Berlin 2010. 176 Seiten. ISBN 978-3-589-24683-0. D: 20,95 EUR.

Das Buch „Was tut der Wind, wenn er nicht weht? Begegnungen mit der Kleinkindpädagogik in Reggio Emilia" von Annette Dreier erschien erstmals 1993. Im Jahr 2012 kam das Buch in der 7. Auflage auf den Markt. Es wurde in der Vergangenheit mehrfach überarbeitet. Die Autorin ist Professorin an der FH in Potsdam, wo sie Pädagogik im Kindesalter lehrt. Durch viele Besuche der Stadt Reggio in Italien und dem regen Austausch mit den Pädagogen vor Ort ist ihr die Reggio-Pädagogik sehr gut bekannt. Des Weiteren leitet sie Fortbildungen für Erzieherinnen und Eltern zu Themen der frühen Kindheit.

Ein zentrales Thema der Reggio-Pädagogik ist die Überzeugung, dass Kinder selbst lernende Individuen sind. Sie treten in den Austausch mit anderen Kindern und Erwachsenen und eignen sich somit ihre Umwelt an. Zahlreiche erziehungs- und bildungswissenschaftliche Erkenntnisse verdeutlichen dies.

Im Vorwort nimmt die Autorin Bezug auf die Erstausgabe dieses Buches. Zu dieser Zeit war es eines von wenigen Büchern, durch welches Interessierte einen Einblick in die Krippen und Kindergärten von Reggio Emilia erhielten. Annette Dreier verwendet bereits hier Kernbegriffe wie „die 100 Sprachen der Kinder" oder „der Raum als dritter Erzieher". (S. 8) Sie greift das heute erweiterte Wissen über Bildungs- und Lernprozesse junger Kinder auf. Daraus folgend wurden in allen Bundesländern Bildungsprogramme für Krippen und Kindergärten entwickelt und die Ausbildung von Erziehern/innen wurde reformiert. Sie sagt, dass diese Reformprozesse ohne Impulse aus Reggio Emilia kaum umsetzbar gewesen wären, denn dort wurden frühzeitig die gewonnenen Erkenntnisse aus der Säuglings- und Kindheitsforschung in die pädagogische Praxis umgesetzt. Des Weiteren führt die Autorin das Wissen über „...die Bedeutung von Bindungsbeziehungen für die Entwicklung junger Kinder..." (S. 8) auf die Reggio-Pädagogik zurück und sagt aus, dass diese Pädagogik gezeigt hat, dass Erziehung und Bildung eine gemeinschaftliche Aufgabe ist.

Der nächste Teil des Buches „Einladung an die Leser" (S. 10) befasst sich anfänglich mit einer kurzen Beschreibung über das Land Italien. Dreier berichtet über Experten auf der ganzen Welt, welche sich durch die Besuche der Krippen und Kindergärten in Reggio Emilia inspirieren ließen. Im nächsten Abschnitt bekommt der Leser einen Einblick in die pädagogische Arbeit. Seit den 1980er Jahren ist die Konzeption der Reggio-Pädagogik weltweit bekannt. Annette Dreier beschreibt die Reggio-Pädagogik als eine Art Reformpädagogik für andere Länder. Ein wichtiger Bestandteil der Pädagogik ist, „Kinder bei ihrer Auseinandersetzung mit der Umwelt zu unterstützen, heißt für die Pädagogen in Reggio, sie weder mit festen Lern- und Förderprogrammen zu konfrontieren, noch sie bei ihren Erkundungen und Lernschritten allein zu lassen." (S. 11) Die Autorin möchte mit den Ausführungen zu dieser Konzeption, vor allem in Bezug auf die Umsetzung in anderen Ländern, vereinfachte Idealisierungen vermeiden und umfassende Kenntnisse über die Inhalte und Wege des reggianischen Modells vermitteln. Darüber hinaus geht sie kurz auf die Inhalte des Buches ein und beendet diesen Teil mit einer eigenen Stellungnahme gegenüber der Reggio-Pädagogik und mit einer Übersetzung der Worte von Loris Malaguzzi, Mitbegründer der Reggio-Pädagogik „Ein Kind hat hundert Sprachen." (S. 16)

Im ersten Kapitel „Reggio Emilia: Die Stadt, die Region und die vorschulische Erziehung" (S. 18) befasst sich die Autorin mit der Entstehung des ersten Kindergartens in Reggio 1945, welcher noch heute existiert. Die Frage „Wohin wollen wir unsere Kinder nach dem Krieg erziehen?" (S. 18) beschäftigte die Dorfbewohner. Zunächst wurden die Kinder von zwei Erzieherinnen betreut, die dafür keinen Lohn bekamen. Bezug nehmend auf Malaguzzi, damals Grundschullehrer, beschreibt Dreier seinen Einstieg in die Arbeit dieses ersten Kindergartens. Vorrangiges Ziel des damaligen Konzeptes war, den Kindern nach dem Krieg etwas Gutes zu bieten. An der Entwicklung des Konzeptes waren Eltern, Pädagogen und reformwillige Kommunalpolitiker beteiligt. Nur dadurch konnte die Reggio-Pädagogik überhaupt entstehen, denn die Kindererziehung wird als gemeinschaftliche Aufgabe angesehen und liegt nicht einzig in der Verantwortung der Eltern. Diese enge Zusammenarbeit ist auf die politischen, wirtschaftlichen und kulturellen Besonderheiten der Stadt Reggio zurückzuführen. Im Unterkapitel „Die Entwicklung der Stadt seit 1945: Eine politische Standortbestimmung" (S. 21) erörtert die Autorin die Situation der Stadt aus politischer Sicht. In dem nun folgenden Unterkapitel „Die Emilia Romagna" (S.22) befasst sich die Autorin zunächst mit der geographischen Lage der Region Emilia Romagna, zudem betrachtet sie die dort vorhandenen katholischen und kommunistischen Strukturen. Durch die 1970 eingeführte politisch moderate Regierung konnte in den Regionen eine Grundlage von wirtschaftlicher und administrativer Autonomie geschaffen werden, wodurch eine eigene Verfassung entstehen konnte, „...die den Bedürfnissen der Bevölkerung entsprechen sollen." (S. 23) Damit wurde das Ziel einer bürgernahen Politik verfolgt und ein enges soziales Netz entstand. Dreier führt die Wurzeln dieses pädagogischen Ansatzes bis in die 1920er Jahre zurück, bereits damals war es den Bürgern wichtig, dass die Familien bei der Kindererziehung Unterstützung in Form von Krippen und Kindergärten bekommen. Noch einmal betont Dreier das die Krippen und Kindergärten in der Emilia Romagna „...als wichtige Bestandteile des gesamten Erziehungs- und Bildungssystems angesehen..." (S. 25) werden. Das Konzept wurde durch zwei Gesetze politisch in die Tat umgesetzt. Nach Erlass dieser Gesetze bekamen alle Regionen Italiens Mittel zum Ausbau der Kindereinrichtungen zur Verfügung. Jedoch verwendeten ausschließlich die nördlichen Regionen Italiens diese Gelder für den tatsächlichen Zweck, im Süden fiel der Ausbau mangelhaft aus. Im letzten Unterkapitel „Vorschulische Erziehung in Reggio Emilia" (S. 27) beschreibt die Autorin zunächst einige politische Hintergründe der Stadt, welche auf ein großes Engagement der Bürger hinweist. Sie betont noch einmal, dass seit den 1970er Jahren die Stadt Reggio zu einem Ort bildungspolitischer Reformen und zu einem Zentrum für Kindheitsfragen wurde. Abschließend nimmt sie Stellung zur Reggio-Pädagogik und sagt, dass sie nicht einfach auf andere Einrichtungen übertragen werden kann, denn dafür muss die Haltung gegenüber Kindern von Seiten der Pädagogen verändert werden und die politischen Gegebenheiten müssen stimmen.

Im zweiten Kapitel „Besuche in der Krippe Arcobaleno: Eindrücke aus der Praxis" (S. 31) beschreibt Annette Dreier in fünf Unterkapitel folgende Themen: „Die Struktur der Krippe" (S. 32), „Die Räume" (S. 33), „Die Kinder" (S. 40), „Die Erzieherinnen" (S. 42) und „Die Eltern" (S. 46). Zu Beginn erläutert sie die unterschiedlichen Betreuungsmöglichkeiten für Vorschulkinder, welche verschiedener Trägerschaften, wie z. B. der Kirche, dem Staat, privaten Vereinen und der Kommune unterliegen. Im weiteren Verlauf gibt die Autorin einen Überblick darüber wer in Krippen und Kindergärten arbeitet und wie dort gearbeitet wird. Darauf folgend geht sie auf die Krippe „Arcobaleno" ein und beschreibt die Entstehung dieser Einrichtung. Die Struktur der Krippe wird im Detail dargestellt. Als nächstes befasst sich die Autorin mit einer sehr ausführlichen Beschreibung der Architektur und der Gruppenräume für Kinder. Zum Beispiel wird im salone (Eingangsbereich) die pädagogische Arbeit offen dargestellt, somit erfahren die Kinder eine Wertschätzung ihrer Tätigkeiten, Erzieherinnen können ihre Arbeit vorstellen und Eltern bekommen einen Einblick in die Aktivitäten innerhalb der Krippe. In diesem Zusammenhang geht die Autorin auf die Haltung der Erzieherinnen gegenüber den Kindern ein, denn „...jedes Kind wird mit seinen eigenen Rhythmen und Bedürfnissen ernst genommen." (S. 36) Die Autorin definiert: „Die gesamte Einrichtung und Gestaltung der Kindergärten und Krippen folgen in Reggio dem Prinzip des Raumes als dritter Erzieher, was meint, dass anregende Materialien und transparente räumliche Strukturen den Kindern freie Erkundungen und autonome Lernschritte ermöglichen." (S. 39) Im nächsten Abschnitt beschreibt Annette Dreier die Art, wie die Kinder in der Krippe „Arcobaleno" spielen und arbeiten. Sie wählen ihre Tätigkeit eigenständig und somit wird deutlich, „...dass der Raum als dritter Erzieher" (S. 40) anregend auf die Kinder wirkt. Im folgenden Unterkapitel widmet die Autorin sich der Rolle der Erzieherin. Sie stellt dar, dass es innerhalb des Personals (Erzieherinnen, Köchinnen, Wirtschaftskräften) eine Gleichberechtigung gibt, weil alle in die pädagogische Arbeit integriert sind. Darüber hinaus erwähnt Dreier, dass die Erzieherinnen in Reggio eine besonders engagierte Arbeitsweise haben. Die Interessen und Ideen der Kinder werden aufgegriffen und zu kleinen Projekten weiterentwickelt. Dafür erhalten sie Unterstützung von den pädagogischen Beraterinnen und diese Projekte werden dokumentiert. Im letzten Abschnitt dieses Kapitels geht die Autorin auf die enge Zusammenarbeit, auf Grund der kollektiven Leitung mit den Eltern, ein. „Mindestens die Hälfte des jeweiligen Leitungsgremiums einer Einrichtung rekrutiert sich aus der Elternschaft:" (S. 46) Des Weiteren geht Annette Dreier auf die veränderten Lebenssituationen der Familien seit Bestehen der Reggio-Pädagogik ein. Der Trend zur Kleinfamilie mit einem Kind ist in den Vordergrund gerückt. Aus diesem Grund ist es für die Kinder von großer Bedeutung geworden, eine Kindereinrichtung zu besuchen, um soziale Kontakte knüpfen zu können. Die Autorin kommt zu dem Schluss, dass die Kinder in den Krippen und Kindergärten als Individuen wahrgenommen werden und auch die Eltern als „kompetente Partner in die Kindererziehung mit einbezogen" (S. 48) werden.

Im dritten Kapitel „Die Konzeption der Reggio-Pädagogik: Grundsätze für Krippen und Kindergärten" (S. 49) beschäftigt sich die Autorin mit der Frage der damaligen Dorfbewohner Reggios, „Wohin wollen wir unsere Kinder erziehen?" (S. 49) und damit verbunden erörtert sie, wie in den Kindereinrichtungen gearbeitet werden soll. In diesem Zusammenhang erwähnt Dreier, dass die Kindererziehung in Reggio als Teil umfassender gesellschaftlicher Prozesse gesehen wird. Die Arbeit kann als eine „...Pädagogik des Werdens" (S. 50) beschrieben werden. Damit ist gemeint, dass die Einrichtungen in ständiger Interaktion mit dem sozio-kulturellen Umfeld stehen. Die Konzeption wird gemeinsam mit Eltern, Erzieherinnen und Fachberatern erarbeitet. Zudem erstellt jede Einrichtung jährlich eine so genannte „...Einzelkonzeption..." (S. 51), damit die Interessen der Kinder und Familien berücksichtigt werden können. Im folgenden Unterkapitel „Erziehung als gemeinschaftliche Aufgabe und die gestione sociale" (S. 52) beschreibt die Autorin die Tätigkeiten der Leitungsräte, welche im regolamento (Konzeption) benannt sind. In diesem Zusammenhang nimmt Dreier Bezug zu deutschen Einrichtungen und stellt die Frage nach dem fehlenden Engagement der Eltern hierzulande. Sie erklärt dies dadurch, dass Eltern wenig Einfluss und damit verbundenes Mitbestimmungsrecht haben. Sie ist der Meinung, dass sich deutsche Einrichtungen „öffnen" müssen. Es soll eine Verbindung zwischen Familie und Institution stattfinden, denn dadurch „...erfährt auch das Kind – um das es letztendlich geht – eine Verbindung seiner Lebenswelten und die Chance zu einer ganzheitlichen Entwicklung." (S. 57) Im letzten Unterkapitel befasst die Autorin sich mit dem Thema: „Ziele für die Arbeit mit den Kindern." (S. 57) Als primäres Ziel wird beschrieben, dass die Erzieherinnen über die Lebenssituation der einzelnen Kinder informiert sein sollen In den reggianischen Kindereinrichtungen sollen die Kinder nicht nur betreut, sondern auch erzogen und gebildet werden. Darüber hinaus sollen sie die Fähigkeit erwerben ihr Leben autonom und kompetent zu bewältigen. Ebenso ist konzeptionell festgehalten, dass Kinder lernen sollen wie man lernt. Abschließend überlegt Dreier wie Teile der Reggio-Pädagogik in deutsche Konzeptionen einfließen könnten. Sie ist der Auffassung, dass dies „...mit der Frage nach dem Menschenbild in der Erziehung..." (S. 61) beginnt.

Im vierten Kapitel „Die Grundelemente der pädagogischen Praxis: Das neue Bild vom Kind" (S. 63) definiert die Autorin die Sichtweise der Pädagogen auf die Kinder. „Für sie sind Kinder bereits von Geburt an aktive und kreative Gestalter ihrer eigenen Entwicklung und ihrer Beziehungen zur Umwelt." (S. 63) Die Pädagogen vertrauen auf die Fähigkeiten der Kinder und genau darin liegt das Besondere der Reggio-Pädagogik. Des Weiteren gibt Dreier in Form eines historischen Rückblickes die Bedeutung des Begriffes Kindheit wieder, indem sie die Ansichten unterschiedlicher Persönlichkeiten und Epochen aufgreift Im nächsten Unterkapitel „Die Welt wahrnehmen" (S. 68) werden zunächst die Kompetenzen der Kinder beschrieben, wenn sie auf die Welt kommen. Dreier sagt: „Mittels all ihrer Sinne nehmen junge Kinder Eindrücke über die Welt auf, ihre Wahrnehmung ist jedoch nicht passiv oder unabhängig vom Tun und Handeln:" (S. 68) Daraus kann folgendes Ziel innerhalb der pädagogischen Arbeit abgeleitet werden: „...die Wahrnehmungsvorgänge und die gesamten Sinne des Kindes zu aktivieren und zu intensivieren." (S. 69) Darüber hinaus geht die Autorin darauf ein, wie Kinder lernen und dass in diesem Zusammenhang auch der visuelle Aspekt von großer Bedeutung ist. Im Unterkapitel „Das Lernen lernen" (S. 71) beschreibt Annette Dreier ein Beispiel aus dem Kindergarten Diana in Reggio. Sie verdeutlicht, dass die Interessen der Kinder von den Erzieherinnen aufgegriffen werden und beschreibt die sich daraus entwickelten Projekte. In diesem Zusammenhang sieht die Autorin eine Parallele zum bekannten Situationsansatz, denn nur durch aufmerksames Beobachten seitens der Erzieherinnen ist ein solches Arbeiten möglich. Als ebenso wichtiges Ziel greift sie auf, dass es nicht darum geht Kompetenzen zu vermitteln, sondern dass die Kinder lernen, wie man lernt. Darüber hinaus bekommt der Leser mittels unterschiedlicher Fotos aus der Praxis einen Eindruck in die Arbeit im Kindergarten Diana. Anschließend folgt das Unterkapitel „Wie Kinder gestalten: Dem Eindruck einen Ausdruck verleihen." (S. 81) In diesem Teil erklärt Annette Dreier die Entwicklung der Kreativität bei Kindern. (S. 85) Sie führt weiter aus, dass im kreativen Bereich die Stärke der Reggio-Pädagogik liegt, wogegen der musische Bereich eine Schwachstelle aufzeigt. Dieses Kapitel wird mit einer „Zusammenfassung" (S. 90) beendet.

„Die Geschichte der Vorschulerziehung in Italien: Das Zusammenwirken von Kultur, Politik und Pädagogik" (S. 93) wird im fünften Kapitel beleuchtet. Im folgenden Unterkapitel „Die asili infantili im 19. Jahrhundert" (S. 94) geht es um die kirchlichen Einrichtungen, in denen die gesundheitliche Pflege der Kinder und die kirchlichen Inhalte bei der Erziehung im Vordergrund standen. Außerdem bekommt der Leser einen Einblick in eine Statistik aus dem Jahre 1889, welche über die „...inhaltliche Ausrichtung der asili" – Kinderheime – (S.96) berichtet. Annette Dreier geht auf die Schwestern Agazzi ein, denn sie nahmen einen wichtigen Einfluss auf die Erziehung in den Kinderheimen. Dann beschäftigt sie sich mit der Gründung der ersten Kinderhäuser nach dem Konzept Maria Montessoris. Dreier sagt, dass die damaligen Ansätze von Fröbel oder Montessori die pädagogische Sichtweise veränderten und bis heute zählen sie als wichtige Grundlagen der Praxis in vielen italienischen Einrichtungen. Nun beschreibt die Autorin „Die vorschulische Erziehung im 20. Jahrhundert und die sozialistische Bewegung" (S. 101) in einem weiteren Unterkapitel. Hier betrachtet sie die politische Ebene des Erziehungssystems und erklärt, dass sich die kommunistischen und sozialistischen Parteien einmischten und bessere vorschulische Einrichtungen forderten. Folgend gibt sie auf Seit 104 „Die scuola materna im Faschismus" einen geschichtlich-politischen Rückblick auf die Zeit des Faschismus. Im Unterkapitel „Die Republik Italien und die Vorschule seit 1945" (S. 108) sagt die Autorin, dass die Kindererziehung zu dieser Zeit kein wichtiges Thema war. Nur wenige Initiativen im Norden Italiens widmeten sich der vorschulischen Erziehung. Auch im Jahre 1948 stand die religiöse Erziehung im Mittelpunkt und nur einzelne versuchten diesem Modell neue Konzepte entgegenzusetzen. Erst in den 60er Jahren „...wurde die vorschulische Erziehung wieder zum zentralen Thema der Bildungsdebatten in Italien." (S. 110) Dreier schreibt: „Der boom economico – die italienische Form des Wirtschaftswunders – bewirkte enorme soziale und kulturelle Veränderungen in Italien, die unmittelbare Auswirkungen hatten." (S. 110) Viele Menschen wanderten in große Städte aus und Frauen gingen auf Grund der Industrialisierung arbeiten und waren somit auf öffentliche Kindereinrichtungen angewiesen. Im folgenden beschreibt die Autorin die Neuerungen des bereits erwähnten Gesetzes aus dem Jahr 1968, welches besagt, dass die scuola dell´infanzia (Schule der Kindheit) „...vom Staat bezahlt, von den Regionen verwaltet und von den Kommunen geleitet werden muss." (S. 111) Auch die kollektive Leitung und die familienergänzende Erziehung „...zu einer umfassenden Bildung der kindlichen Persönlichkeit..." (S. 111) wurde festgeschrieben. Im letzten Unterkapitel „Die Entstehung der Krippen in Italien seit 1960" (S.113) berichtet Annette Dreier darüber, dass die Krippen ab 1971 gesetzlich die gleichen Rechte wie Kindertagesstätten haben. Darüber hinaus beschreibt sie weitere gesetzliche Inhalte und zieht dann den Vergleich zu den Krippen und Kindergärten in der Bundesrepublik. Abschließend zieht Annette Dreier aus diesen Erkenntnissen ein Fazit worin sie u. a.

feststellt, dass Erziehung in Italien schon sehr früh als gemeinschaftliche Aufgabe angesehen wurde.

Im sechsten und damit letzten Kapitel des Buches befasst sich die Autorin mit dem Thema „Von Reggio lernen." (S. 119) Zunächst geht sie der Frage nach, inwiefern die Reggio-Pädagogik in deutschen Einrichtungen umgesetzt werden kann. Bereits seit den 80er Jahren nehmen viele Erzieherinnen der alten Bundesländer Teilaspekte dieser Pädagogik in ihre Arbeit mit auf. In der ehemaligen DDR lag die Kindererziehung hauptsächlich in den Händen des Staates wodurch die Betreuerinnen genaue Vorgaben hatten. Mit Ende der DDR mussten neue pädagogische Wege für die Praxis gefunden werden. Im nächsten Unterkapitel „Verantwortung in der Erziehung" (S. 122) gibt die Autorin einen Überblick über die thematischen Inhalte des darauf folgenden Unterkapitels welches heißt: „Planung ist nicht überflüssig: Wie in Reggio Emilia Konzeptionen entstehen." (S. 124) Hier beschreibt die Autorin die Vorgehensweise der reggianischen Mitarbeiter zur Entwicklung ihrer jährlichen Planung. Auch hier arbeitet sie mit einem Beispiel direkt aus der Praxis. In einem weiteren Abschnitt geht sie auf „Das Menschenbild in der Erziehung" (S. 129) ein und leitet dann über zu „Überlegungen zur Rolle der Erzieherinnen." (S. 131) Hierbei betont sie die „...notwendige Phase der Selbstreflexion." (S. 131) Das nächste Unterkapitel „Die Professionalität der Erzieherinnen in Reggio Emilia" (S. 135) beleuchtet die Ausbildungswege in Italien und den Bewerbungsprozess einer Erzieherin. Sie macht deutlich, dass viele Erzieherinnen kaum Kenntnisse über die Reggio-Pädagogik haben, denn dieses Konzept ist hauptsächlich in der Region Emilia Romagna bekannt. An Fachschulen werden die Inhalte nicht vermittelt und nur die Erzieherinnen die in Reggio aufgewachsen sind „...verfügen über breitere Kenntnisse..." (S. 139), so Dreier. Neben den bereits erwähnten Formen der Elternarbeit beschreibt Annette Dreier „Neue Formen der Elternarbeit." (S. 151) Sie verdeutlicht dieses Thema mit einer Gegenüberstellung eines Elternabends in Deutschland und in Reggio. Als Beispiel sei hier genannt, dass in Deutschland die Erzieherinnen über ausgewählte Themen sprechen „...ganz im Sinne einer abendlichen Bildungsveranstaltung für Eltern." (S. 151) In Reggio hingegen lautet das Motto „...Ein gemeinsames Abendessen." (S. 151) Die Eltern werden in die Vorbereitungen mit einbezogen und dadurch kommt es bereits zu einer lockeren Atmosphäre, in welcher die unterschiedlichsten Themen besprochen werden. Im letzten Unterkapitel „Das Ich und Wir: Die Entwicklung von Kindern" (S. 158) geht die Autorin auf die Situation ein, dass in der heutigen Zeit die Anzahl von Familien mit einem Kind steigt. Daraus folgend stellt sie fest, dass immer mehr Kinder unter Erwachsenen aufwachsen und somit auch von ihnen lernen. In diesem Zusammenhang zeigt Annette Dreier die „Ansätze zur Gruppenarbeit mit Kindern" (S. 159), in reggianischen Krippen auf. Dort haben die Kinder gute Möglichkeiten um soziale Kontakte zu knüpfen. Insbesondere führt sie Beispiele von

Studien zum Thema Interaktion zwischen Kleinstkindern auf. Die Autorin zeigt mit Hilfe eines Praxisbeispiels einer Krippe in Reggio die Interaktionsprozesse von jungen Kindern. Dort sind die Kinder konzentriert beschäftigt, denn es werden ihnen viele „...interessante Materialangebote und die Struktur des Raumes als dritter Erzieher..." (S. 162) zur Verfügung gestellt. Daraus folgend kommt sie zu dem Schluss, „...dass das Zusammensein der Kinder und ihre Interaktionsprozesse nicht allein dem Zufall überlassen werden." (S. 162) In einer „Schlussbetrachtung" (S. 168) zieht Annette Dreier ein abschließendes Resümee in Bezug auf die gesamte Arbeit der Reggio-Pädagogik.

Dieses Buch bietet pädagogischen Fachkräften und auch anderen Interessierten einen guten und verständlichen Einblick in die Reggio-Pädagogik. Annette Dreier beschreibt die gesamte Entstehungsgeschichte von den Anfängen nach dem Krieg bis hin zur heutigen Zeit. Der Leser bekommt einen Eindruck von der Arbeit in reggianischen Krippen und Kindergärten. Es werden viele Beispiele direkt aus der Praxis geliefert, ergänzt durch ein Farbfotoband im Buch und intensiviert durch Aussagen von Erzieherinnen direkt aus Reggio. Die Autorin reiste selber nach Italien um einen unmittelbaren Eindruck der Pädagogik zu bekommen. Dort führte sie viele Interviews mit reggianischen Erziehrinnen, welche dem Leser einen authentischen Eindruck vermitteln.

Annette Dreier geht teilweise sehr intensiv auf politische und kulturelle Hintergründ Italiens ein. An manchen Stellen des Buches kann der Leser dadurch leicht den Bezug zur Reggio-Pädagogik verlieren. Die Beschreibung der Geschichte der Vorschulerziehung nimmt einen großen Teil des Buches ein. Zudem zieht sie häufig Vergleiche zur Bundesrepublik oder zur ehemaligen DDR, bei welchen nicht immer eindeutig zu erkennen ist, warum sie dies in diesem Zusammenhang erwähnt.

Hilfreich ist an manchen Stellen des Buches der Vergleich zwischen der Reggio-Pädagogik und dem in Deutschland bekannten Situationsansatz. Auch wenn die Autorin ausdrücklich schreibt, dass die Reggio-Pädagogik nicht so einfach auf eine andere Einrichtung übertragen werden kann, hat der Leser die Möglichkeit, sich die Arbeitsweise dort vorzustellen und sich evtl. langsam auf einen Weg der Veränderung zu begeben.

Dieses Buch ist empfehlenswert für den Studiengang „Pädagogik der frühen Kindheit". Interessierte Studenten können sich mit Hilfe dieses Buches sehr gut über die Reggio-Pädagogik informieren, zudem ist es leicht verständlich geschrieben und regt von Kapitel zu Kapitel zum Weiterlesen an.

Daniela Siebert (Bitburg)